Impressum
Verlag: BABADADA GmbH, Nedderfeld 112 , 22529 Hamburg
Geschäftsführer / Verlagsleitung: Harald Hof
Druck: Books on Demand GmbH, In de Tarpen 42, 22848 Norderstedt

Imprint
Publisher: BABADADA GmbH, Nedderfeld 112 , 22529 Hamburg, Germany
Managing Director / Publishing direction: Harald Hof
Print: Books on Demand GmbH, In de Tarpen 42, 22848 Norderstedt

sală de clasă
classroom

a împărți
divide

186/2

tablă
board

curte a școlii
school yard

profesor
teacher

hârtie
paper

a scrie
write

instrument de scris
pen

ă de birou
desk

riglă
ruler

carte
book

elev
pupil

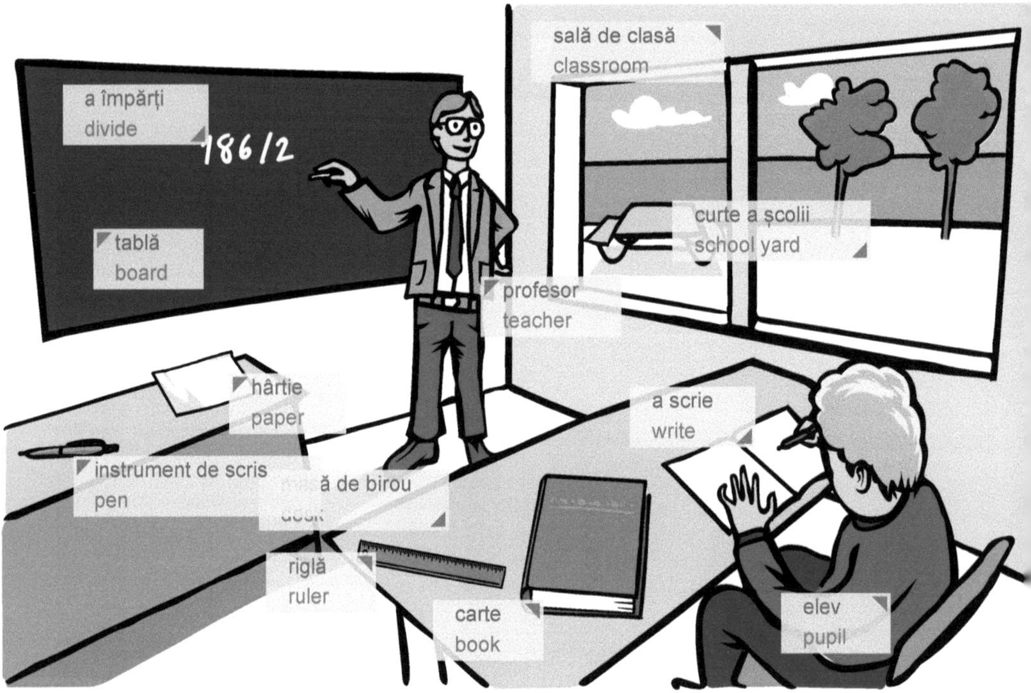

ghiozdan

satchel

penar

pencil case

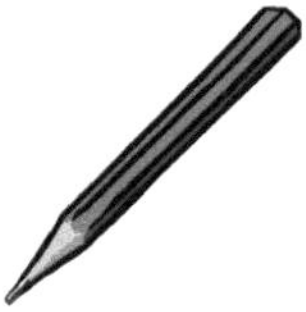

creion

pencil

ascuțitoare

pencil sharpener

radieră

rubber

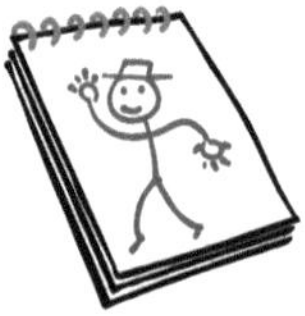

bloc de desen

drawing pad

desen

drawing

pensulă

paintbrush

cutie de acuarele

paint box

foarfece

scissors

lipici

glue

caiet de exerciții

exercise book

temă

homework

număr

number

2+2

a aduna

add

5-2

a scădea

subtract

2×2

a multiplica

multiply

a calcula

calculate

A

literă

letter

ABCDEFG
HIJKLMN
OPQRSTU
VWXYZ

alfabet

alphabet

cuvânt

word

text

text

a citi

read

cretă

chalk

oră

lesson

catalog

register

examen

exam

certificat

certificate

uniformă școlară

school uniform

educație

education

enciclopedie

encyclopedia

universitate

university

microscop

microscope

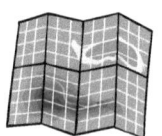

hartă

map

coș de gunoi

waste-paper basket

școală - school

călătorie
travel

hotel
hotel
Grand
hostel
hostel
ROOMS
casă de schimb valutar
bureau de change
EXCHANGE
valiză
suitcase
autovehicul
car

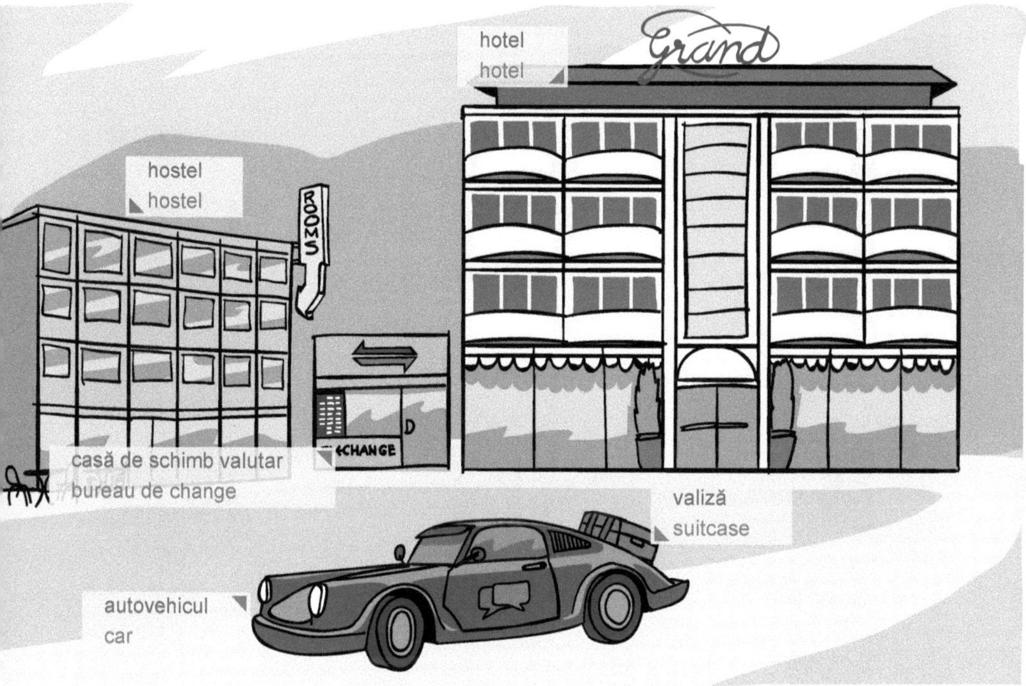

limbă
language

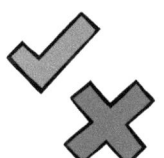

da/nu
yes / no

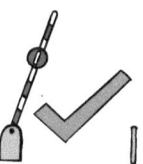

okay
Okay

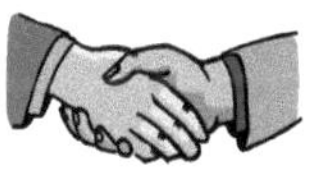

Bună!
hello

interpret
translator

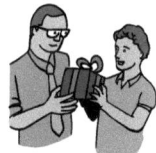

mulțumesc
Thank you

Cât costă...?

how much is...?

Nu înțeleg

I do not understand

problemă

problem

Bună seara!

Good evening!

Bună dimineața!

Good morning!

Noapte bună!

Good night!

la revedere

bye bye

direcție

direction

bagaj

luggage

geantă

bag

rucsac

backpack

oaspete

guest

cameră

room

sac de dormit

sleeping bag

cort

tent

călătorie - travel

punct de informare turistică
....
tourist information

plajă
....
beach

carte de credit
....
credit card

mic dejun
....
breakfast

masa de prânz
....
lunch

cină
....
dinner

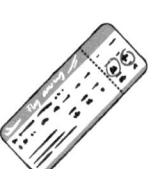

bilet de călătorie
....
ticket

lift
....
lift

timbru poștal
....
stamp

graniță
....
border

vamă
....
customs

ambasadă
....
embassy

viză
....
visa

pașaport
....
passport

transport
transport

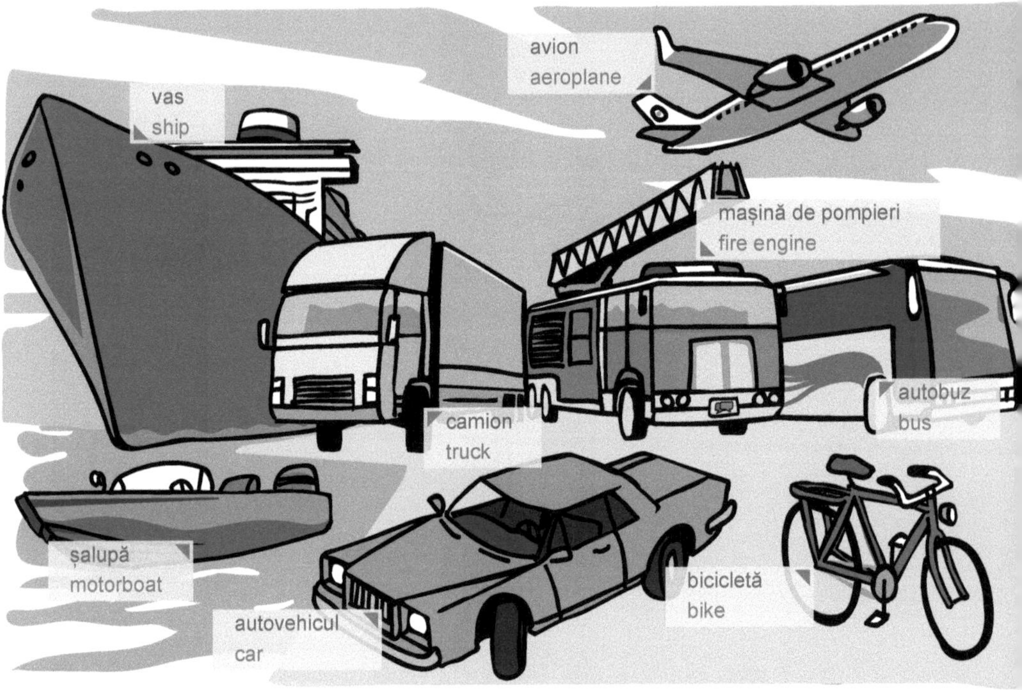
avion
aeroplane
vas
ship
mașină de pompieri
fire engine
autobuz
bus
camion
truck
șalupă
motorboat
bicicletă
bike
autovehicul
car

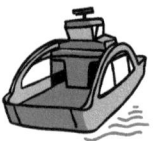

feribot

ferry

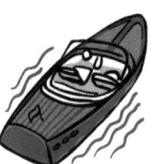

barcă

boat

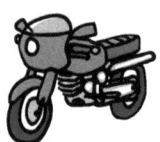

motocicletă

motorbike

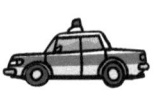

mașină de poliție

police car

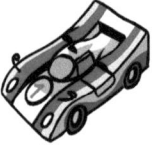

mașină de curse

racing car

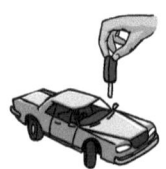

mașină închiriată

rental car

car sharing

car sharing

mașină de tractat

breakdown truck

mașină de gunoi

refuse truck

motor

motor

combustibil

fuel

benzinărie

petrol station

semn de circulație

traffic sign

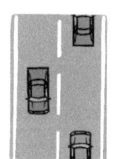

trafic

traffic

ambuteiaj

traffic jam

parcare

car park

gară

train station

șine

tracks

tren

train

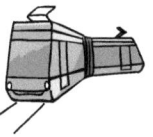

tramvai

tram

vagon

carriage

elicopter

helicopter

aeroport

airport

turn

tower

pasager

passenger

container

container

carton

carton

căruță

cart

coș

basket

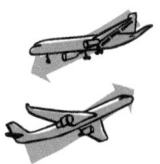

a decola/a ateriza

take off / land

oraș
city

sat

village

centru

city centre

casă

house

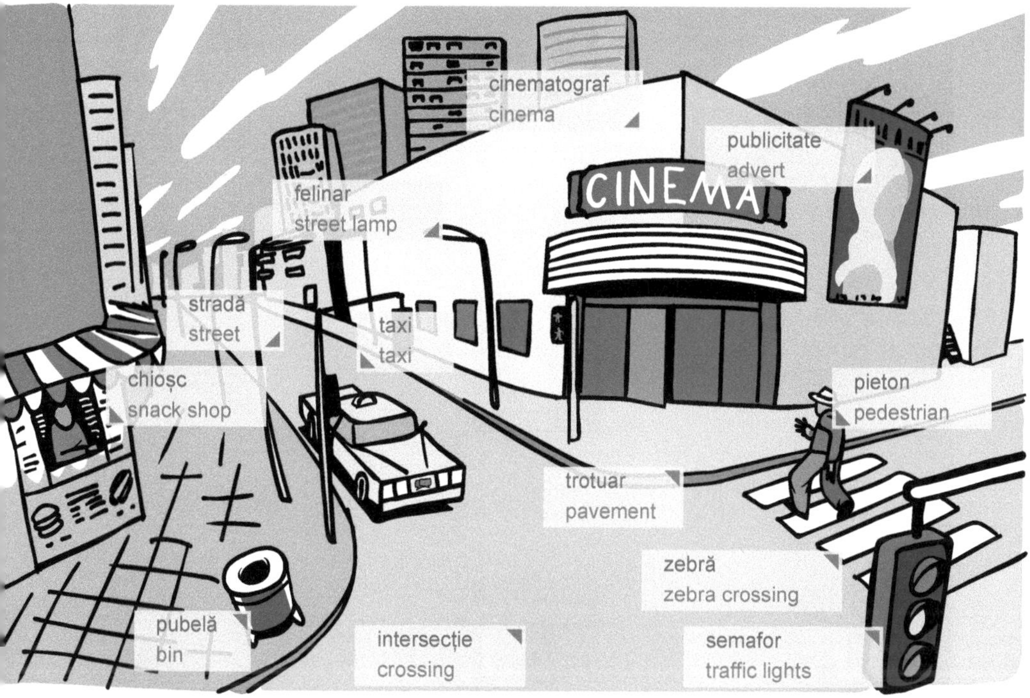

CINEMA
cinematograf
cinema
publicitate
advert
felinar
street lamp
stradă
street
taxi
taxi
chioșc
snack shop
pieton
pedestrian
trotuar
pavement
zebră
zebra crossing
pubelă
bin
intersecție
crossing
semafor
traffic lights

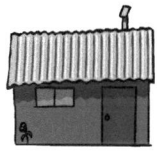

cabană

hut

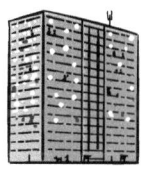

apartament

flat

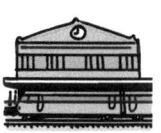

gară

train station

primărie

town hall

MUSEUM

muzeu

museum

școală

school

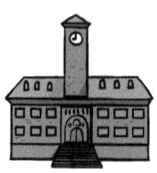

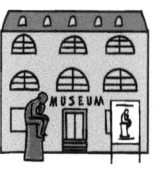

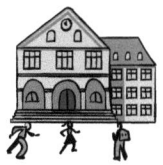

universitate

university

bancă

bank

spital

hospital

hotel

hotel

farmacie

pharmacy

birou

office

librărie

book shop

magazin

shop

florărie

florist's

supermarket

supermarket

piață

market

magazin universal

department store

comerciant de pește

fishmonger's

centru comercial

shopping centre

port

harbour

parc

park

bancă

bench

pod

bridge

trepte

stairs

metrou

underground

tunel

tunnel

stație de autobuz

bus stop

bar

bar

restaurant

restaurant

cutie poștală

postbox

tăbliță indicatoare cu
numele străzii

street sign

parcometru

parking meter

grădină zoologică

zoo

piscină

swimming pool

moschee

mosque

gospodărie țărănească
farm

poluare
pollution

cimitir
graveyard

biserică
church

loc de joacă
playground

templu
temple

peisaj
landscape

frunză
leaf

indicator
signpost

drum
way

pajiște
meadow

piatră
stone

copac
tree

drumeț
hiker

râu
river

iarbă
grass

floare
flower

vale

valley

deal

hill

lac

lake

pădure

forest

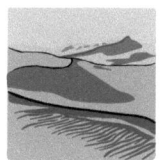

deșert

desert

vulcan

volcano

castel

castle

curcubeu

rainbow

ciupercă

mushroom

palmier

palm tree

țânțar

mosquito

muscă

fly

furnică

ant

albină

bee

păianjen

spider

gândac

beetle

broască

frog

veveriță

squirrel

arici

hedgehog

iepure

hare

bufniță

owl

pasăre

bird

lebădă

swan

porc mistreț

boar

cerb

deer

elan

moose

dig

dam

turbină eoliană

wind turbine

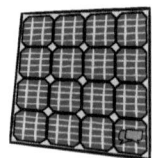

panou solar

solar panel

climă

climate

restaurant
restaurant

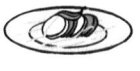

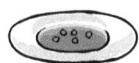

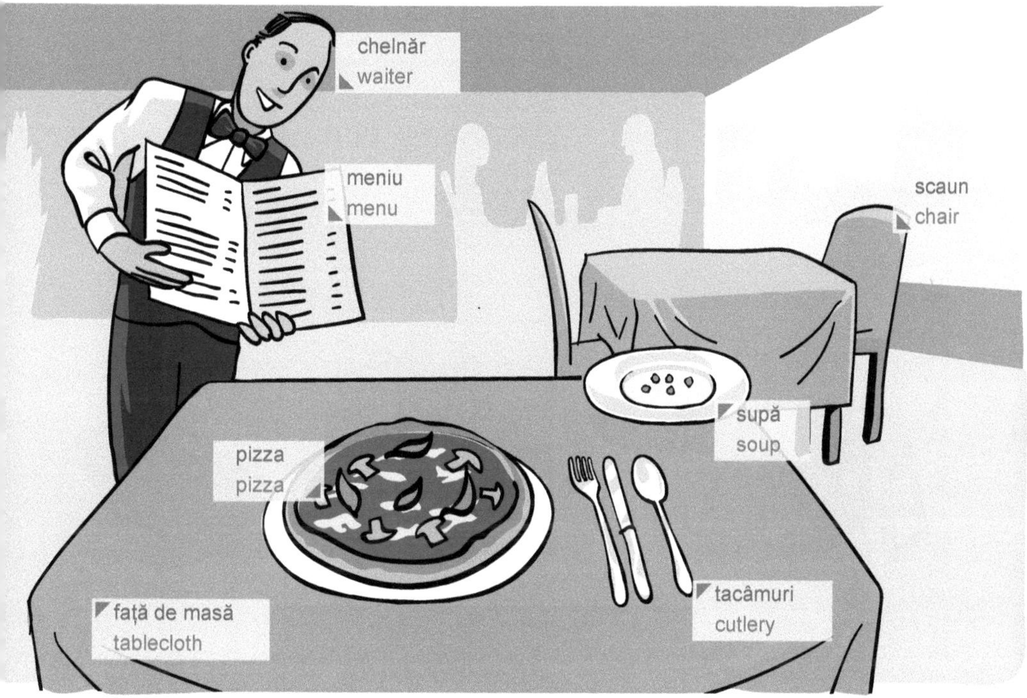
chelnăr
waiter
meniu
menu
scaun
chair
supă
soup
pizza
pizza
față de masă
tablecloth
tacâmuri
cutlery

antreu

starter

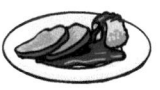

fel principal

main course

desert

dessert

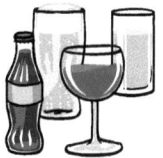

băuturi

drinks

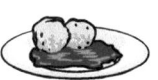

mâncare

food

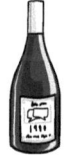

sticlă

bottle

fastfood

fast food

streetfood

street food

ceainic

teapot

zaharniță

sugar bowl

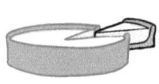

porție

portion

espressor

espresso machine

scaun înalt (pentru copii)

high chair

factură

bill

tavă

tray

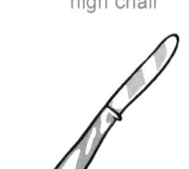

cuțit

knife

furculiță

fork

lingură

spoon

linguriță

teaspoon

șervețel

serviette

pahar

glass

restaurant - restaurant

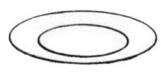

farfurie

plate

farfurie de supă

soup plate

farfurie

saucer

sos

sauce

solniță

salt pot

râșniță de piper

pepper mill

oțet

vinegar

ulei

oil

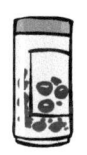

condimente

spices

ketchup

ketchup

muștar

mustard

maioneză

mayonnaise

supermarket
supermarket

ofertă
special offer
FOR
client
customer
produse lactate
dairy
fructe
fruit
cărucior de cumpărături
trolley

BUTCHERS

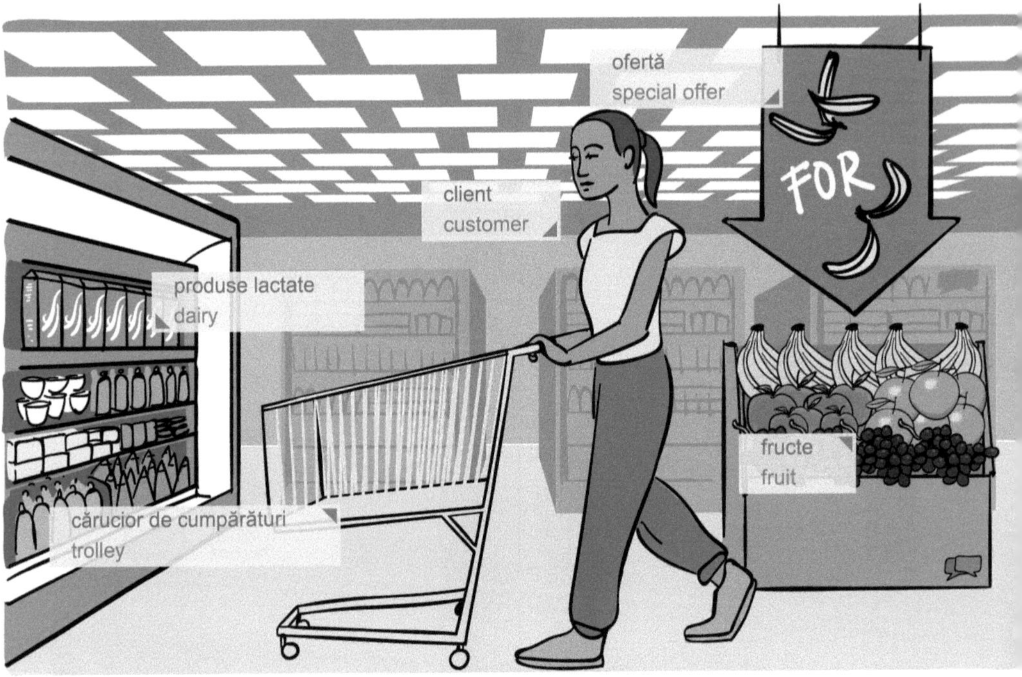

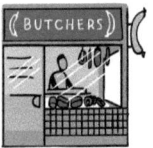

măcelărie

butcher´s

BAKERY

brutărie

baker´s

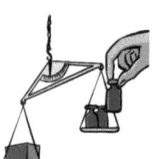

a cântări

weigh

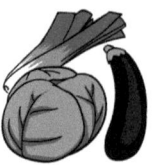

legume

vegetables

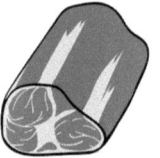

carne

meat

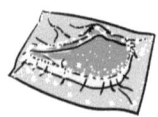

alimente refrigerate

frozen food

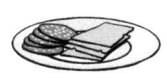

mezeluri şi brânzeturi feliate
....
cold meat

conserve
....
tinned food

detergent
....
washing powder

dulciuri
....
sweets

articole de menaj
....
household products

produse de curăţenie
....
cleaning products

vânzătoare
....
salesperson

casă
....
till

casier
....
cashier

listă de cumpărături
....
shopping list

orar
....
opening hours

portmoneu
....
wallet

carte de credit
....
credit card

geantă
....
bag

pungă de plastic
....
plastic bag

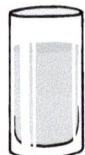

apă

water

suc

juice

lapte

milk

cola

coke

vin

wine

bere

beer

alcool

alcohol

cacao

cocoa

ceai

tea

cafea

coffee

espresso

espresso

cappucino

cappuccino

banane

banana

măr

apple

portocală

orange

pepene

melon

lămâie

lemon

morcov

carrot

usturoi

garlic

bambus

bamboo

ceapă

onion

ciupercă

mushroom

nuci

nuts

paste făinoase

noodles

spagheti

spaghetti

orez

rice

salată

salad

cartofi prăjiți

chips

cartofi țărănești

fried potatoes

pizza

pizza

hamburger

hamburger

sandwich

sandwich

șnițel

cutlet

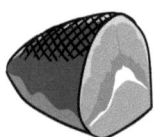

șuncă

ham

salam

salami

cârnați

sausage

pui

chicken

friptură

roast

pește

fish

fulgi de ovăz

porridge oats

musli

muesli

cereale

cornflakes

făină

flour

corn

croissant

chifle

bread roll

pâine

bread

pâine prăjită

toast

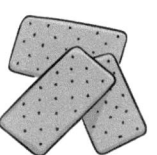

biscuiți

biscuits

unt

butter

brânză de vaci

curd

prăjitură

cake

ou

egg

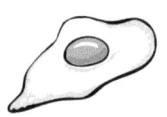

ouă ochiuri

fried egg

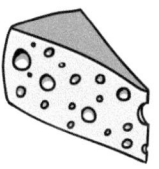

brânză

cheese

mâncare - food

25

îngheţată

ice cream

zahăr

sugar

miere

honey

marmeladă

jam

cremă nuga

chocolate spread

curry

curry

gospodărie ţărănească
farm

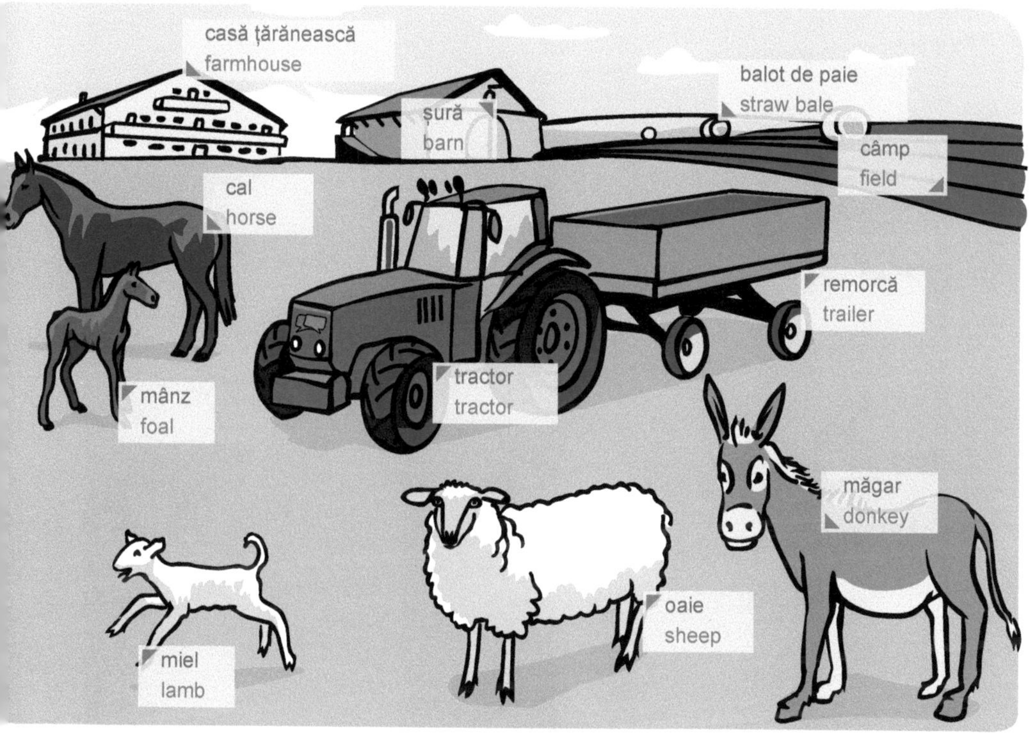

casă ţărănească
farmhouse
şură
barn
balot de paie
straw bale
câmp
field
cal
horse
remorcă
trailer
tractor
tractor
mânz
foal
măgar
donkey
oaie
sheep
miel
lamb

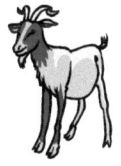

capră
goat

vacă
cow

viţel
calf

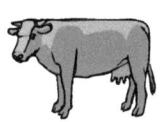

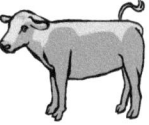

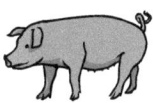

porc
pig

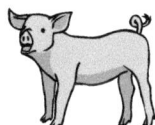

purcel
piglet

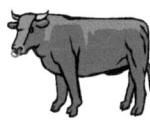

taur
bull

găină
goose

rață
duck

pui
chick

găină
hen

cocoș
cock

șobolan
rat

pisică
cat

șoarece
mouse

bou
ox

câine
dog

cușcă
doghouse

furtun de grădină
garden hose

stropitoare
watering can

coasă
scythe

plug
plough

seceră
sickle

sapă
hoe

furcă
pitchfork

secure
axe

roabă
wheelbarrow

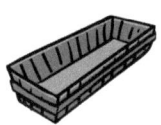

troacă
trough

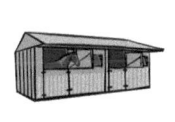

cană pentru lapte
milk can

sac
sack

gard
fence

grajd
stable

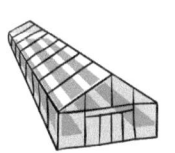

seră
greenhouse

sol
soil

sămânță
seed

fertilizator
fertilizer

combină de treierat
combine harvester

a culege

harvest

recoltă

harvest

cartof yam

yams

grâu

wheat

soia

soy

cartof

potato

porumb

corn

rapiță

rapeseed

pom fructifer

fruit tree

manioc

cassava

cereale

cereals

casă
house

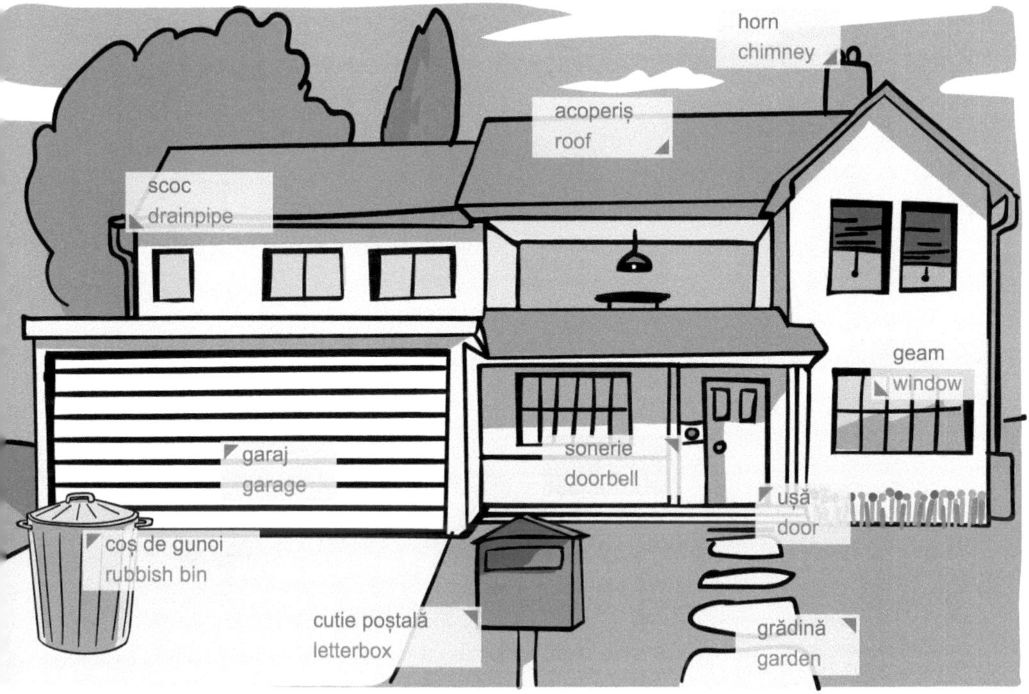

horn
chimney
acoperiș
roof
scoc
drainpipe
geam
window
garaj
garage
sonerie
doorbell
ușă
door
coș de gunoi
rubbish bin
cutie poștală
letterbox
grădină
garden

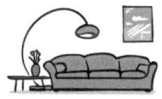

camera de zi
living room

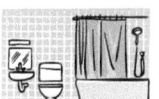

baie
bathroom

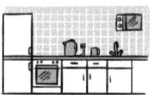

bucătărie
kitchen

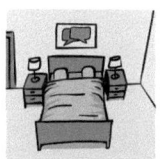

dormitor
bedroom

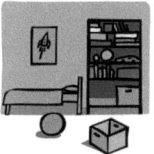

camera copiilor
child's room

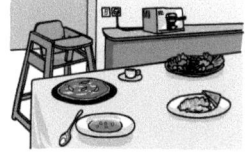

sufragerie
dining room

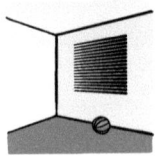

podea

floor

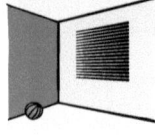

perete

wall

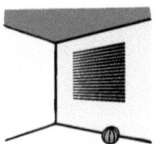

tavan

ceiling

pivniță

cellar

saună

sauna

balcon

balcony

terasă

terrace

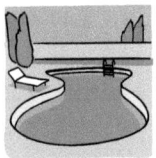

piscină

pool

mașină de tuns iarba

lawn mower

cearșaf

sheet

cuvertură

bedspread

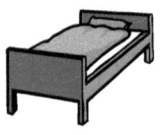

pat

bed

mătură

broom

găleată

bucket

întrerupător

switch

cameră de zi
living room

tapet
wallpaper
pictură
picture
lampă
lamp
raft
shelf
dulap
cupboard
televizor
television
șemineu
fireplace
floare
flower
pernă
cushion
sofa
sofa
vază
vase
telecomandă
remote control

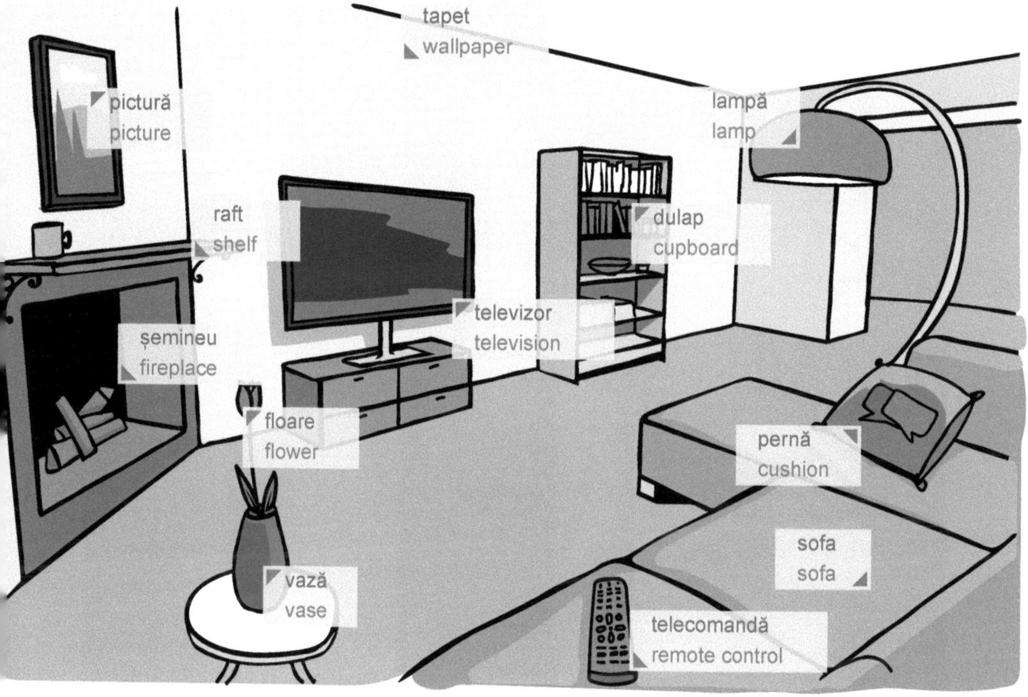

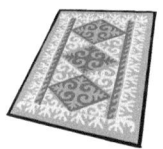

covor
carpet

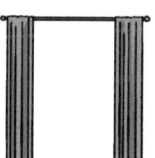

perdea
curtain

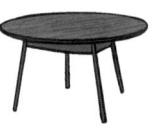

masă
table

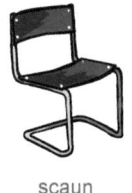

scaun
chair

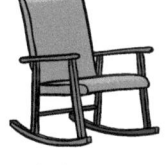

balansoar
rocking chair

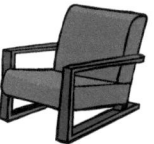

fotoliu
armchair

carte

book

pătură

blanket

decoraţiune

decoration

lemn de foc

firewood

film

film

instalaţie stereo

hi-fi equipment

cheie

key

ziar

newspaper

desen

painting

poster

poster

radio

radio

caiet de notiţe

notepad

aspirator

hoover

cactus

cactus

lumânare

candle

bucătărie
kitchen

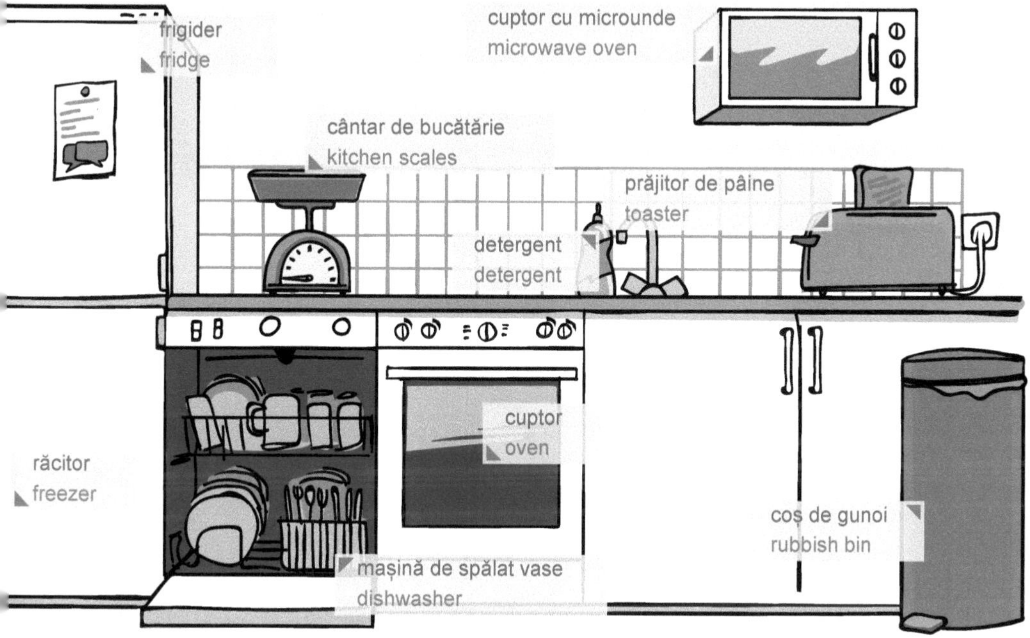

frigider
fridge
cuptor cu microunde
microwave oven
cântar de bucătărie
kitchen scales
prăjitor de pâine
toaster
detergent
detergent
cuptor
oven
răcitor
freezer
coș de gunoi
rubbish bin
mașină de spălat vase
dishwasher

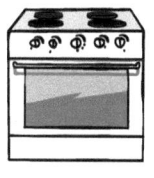

cuptor
....
cooker

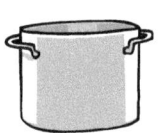

oală
....
pot

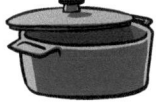

oală de metal
....
cast-iron pot

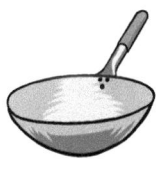

wok/kadai
....
wok / kadai

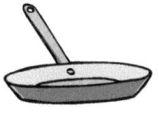

tigaie
....
pan

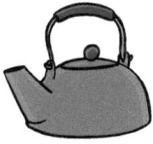

ceainic
....
kettle

oală de gătit cu aburi

steamer

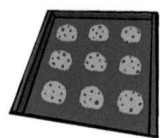

tavă de copt

baking tray

veselă

crockery

pahar

mug

bol

bowl

bețișoare

chopsticks

polonic

ladle

spatulă

spatula

tel

whisk

sită

strainer

sită

sieve

răzătoare

grater

mojar

mortar

grătar

barbecue

loc pentru grătar

open fire

tocător
chopping board

sucitor
rolling pin

tirbușon
corkscrew

conservă
can

deschizător de conserve
can opener

șervete termice
pot holder

chiuvetă
sink

perie
brush

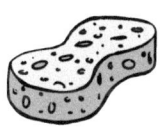

burete
sponge

mixer
blender

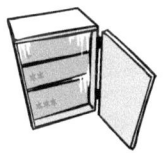

ladă frigorifică
deep freezer

biberon
baby bottle

robinet
tap

baie

bathroom

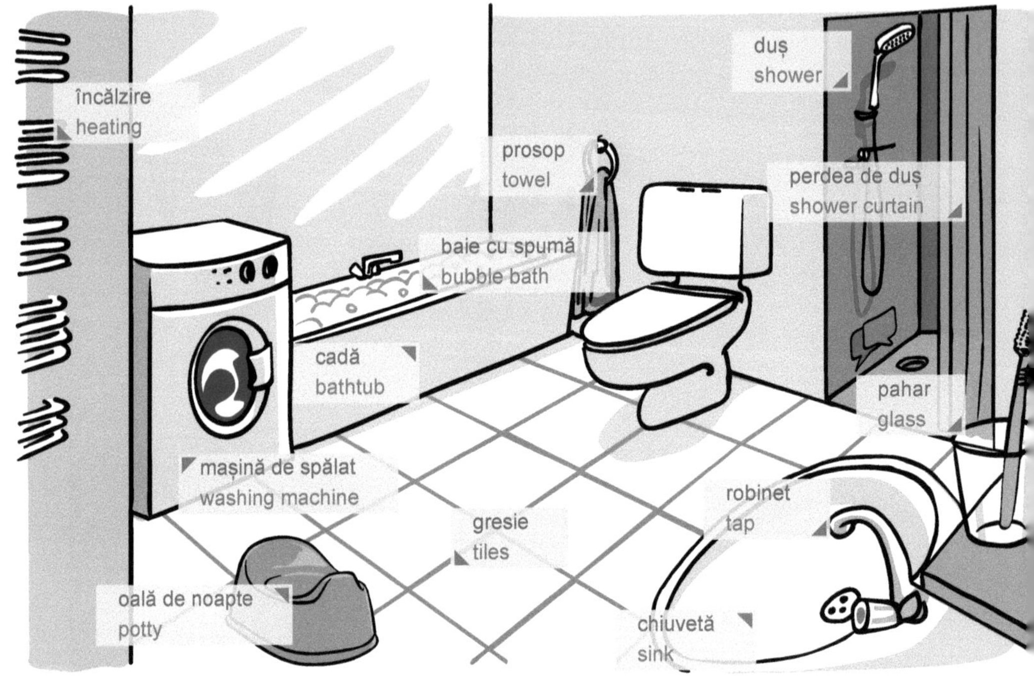

încălzire
heating
duș
shower
prosop
towel
perdea de duș
shower curtain
baie cu spumă
bubble bath
cadă
bathtub
pahar
glass
mașină de spălat
washing machine
robinet
tap
gresie
tiles
oală de noapte
potty
chiuvetă
sink

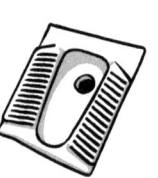

toaletă

toilet

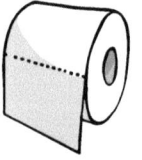

toaletă turcescă

squat toilet

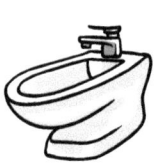

bideu

bidet

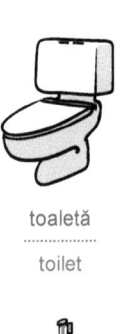

pisoir

urinal

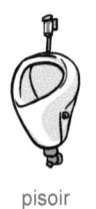

hârtie igienică

toilet paper

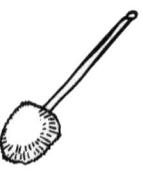

perie de toaletă

toilet brush

periuță de dinți

toothbrush

pastă de dinți

toothpaste

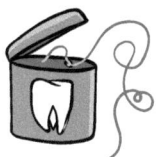

ață dentară

dental floss

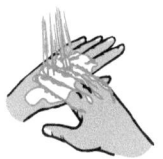

a spăla

wash

cap de duș

handheld shower

duș intim

douche

lavoar

basin

perie pentru spate

back brush

săpun

soap

gel de duș

shower gel

șampon

shampoo

cârpă de spălat

flannel

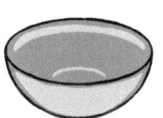

scurgere

drain

cremă

cream

deodorant

deodorant

oglindă

mirror

oglindă cosmetică

hand mirror

aparat de ras

razor

spumă de ras

shaving foam

aftershave

aftershave

pieptene

comb

perie

brush

uscător de păr

hair dryer

fixator

hairspray

machiaj

makeup

ruj

lipstick

lac de unghii

nail varnish

vată

cotton wool

foarfece de unghii

nail scissors

parfum

perfume

neseser

washbag

taburet

stool

cântar

weighing scale

halat de baie

bathrobe

mănuși de cauciuc

rubber gloves

tampon

tampon

tampon

sanitary towel

toaletă chimică

chemical toilet

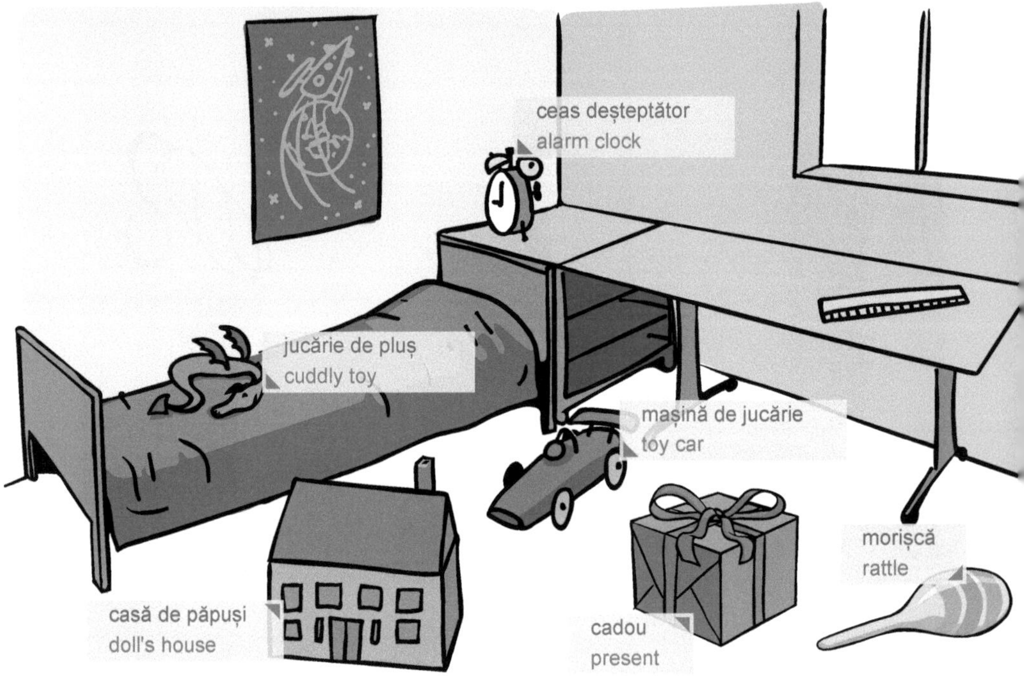

ceas deșteptător
alarm clock

jucărie de pluș
cuddly toy

mașină de jucărie
toy car

morișcă
rattle

casă de păpuși
doll's house

cadou
present

balon
balloon

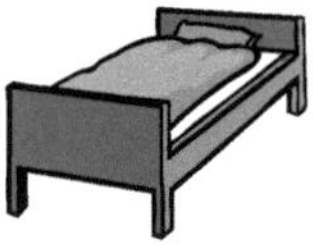

pat
bed

cărucior de copii
pram

joc de cărți
deck of cards

puzzle
jigsaw

revistă de benzi desenate
comic

cuburi lego

lego bricks

piese pentru construcţii

building blocks

personaj din filmele de acţiune

action figure

body

babygrow

frisbee

frisbee

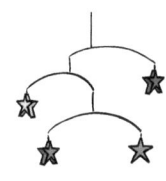

mobil

mobile

joc de societate

board game

zar

dice

set trenuleţ de jucărie

model train set

suzetă

dummy

petrecere

party

carte cu poze

picture book

minge

ball

păpuşă

doll

a se juca

play

groapă de nisip

sandpit

leagăn

swing

jucării

toys

consolă video

video game console

tricicletă

tricycle

ursuleț

teddy bear

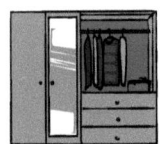

dulap

wardrobe

îmbrăcăminte
clothing

șosete

socks

ciorapi

stockings

dres

tights

şal
scarf

umbrelă
umbrella

tricou
t-shirt

curea
belt

cizme
boots

papuci
slippers

pantofi sport
trainers

sandale
sandals

încălțăminte
shoes

cizme de cauciuc
rubber boots

chilot
underpants

sutien
bra

maiou
vest

îmbrăcăminte - clothing

body
body

pantaloni
trousers

blugi
jeans

fustă
skirt

bluză
blouse

cămașă
shirt

pulover
pullover

jerseu
hoodie

sacou
blazer

jachetă
jacket

palton
coat

pelerină de ploaie
raincoat

costum
costume

rochie
dress

rochie de mireasă
wedding dress

costum
suit

cămașă de noapte
nightgown

pijama
pyjamas

sari
sari

batic
headscarf

turban
turban

burka
burqa

caftan
kaftan

abaya
abaya

costum de baie
swimsuit

șort
trunks

pantaloni scurți
shorts

trening
tracksuit

șorț
apron

mănuși
gloves

nasture

button

ochelari

glasses

brățară

bracelet

lanț

necklace

inel

ring

cercel

earring

căciulă

cap

umeraș

coat hanger

pălărie

hat

cravată

tie

fermoar

zip

cască

helmet

bretele

braces

uniformă școlară

school uniform

uniformă

uniform

bavețică
....
bib

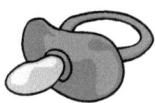

suzetă
....
dummy

scutec
....
nappy

birou
office

server
server

dulap de acte
filing cabinet

imprimantă
printer

hârtie
paper

monitor
monitor

masă de birou
desk

mouse
mouse

fișier
folder

tastatură
keyboard

coș de gunoi
waste-paper basket

scaun
chair

computer
computer

ceașcă de cafea
....
coffee mug

calculator
....
calculator

internet
....
internet

laptop
laptop

scrisoare
letter

mesaj
message

telefon mobil
mobile

rețea
network

copiator
photocopier

software
software

telefon
telephone

priză
plug socket

fax
fax machine

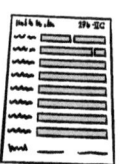

formular
form

document
document

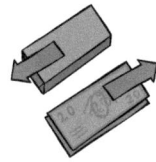

a cumpăra

buy

a plăti

pay

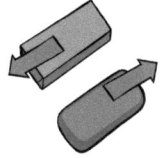

a face comerț

trade

bani

money

Dolar

dollar

Euro

euro

Yen

yen

Rublă

rouble

Franc Elvețian

Swiss franc

renminbi yuan

renminbi yuan

Rupie

rupee

bancomat

cashpoint

casă de schimb valutar

bureau de change

aur

gold

argint

silver

petrol

oil

energie

energy

preț

price

contract

contract

impozit

tax

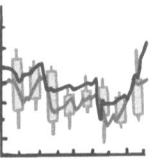

acțiune

stock

a munci

work

angajat

employee

angajator

employer

fabrică

factory

magazin

shop

ocupații
occupations

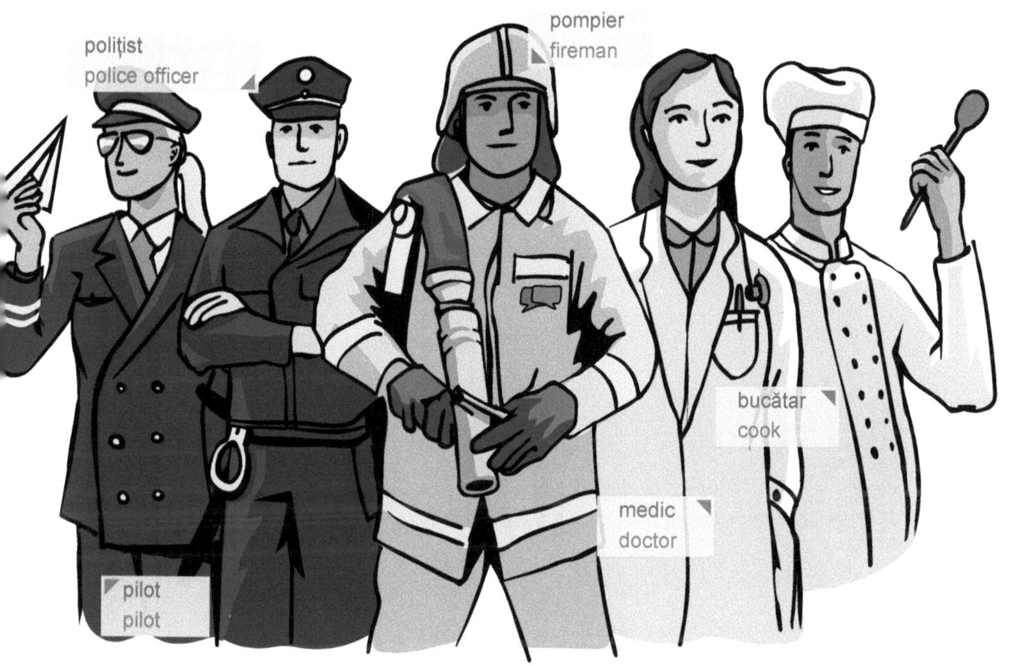

polițist
police officer
pompier
fireman
bucătar
cook
medic
doctor
pilot
pilot

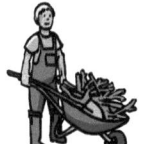

grădinar

gardener

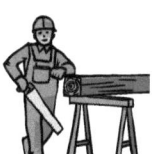

tâmplar

carpenter

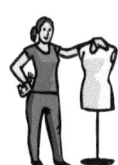

cusătoreasă

seamstress

judecător

judge

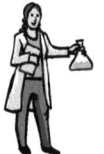

chimist

chemist

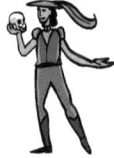

actor

actor

șofer de autobuz

bus driver

șofer de taxi

taxi driver

pescar

fisherman

femeie de serviciu

cleaning lady

tinichigiu

roofer

chelnăr

waiter

vânător

hunter

pictor

painter

brutar

baker

electrician

electrician

muncitor în construcții

builder

inginer

engineer

măcelar

butcher

instalator

plumber

poștaș

postman

soldat

soldier

arhitect

architect

casier

cashier

florar

florist

frizer

hairdresser

controlor

conductor

mecanic

mechanic

căpitan

captain

stomatolog

dentist

om de ştiinţă

scientist

rabin

rabbi

imam

imam

călugăr

monk

preot

clergyman

instrumente

tools

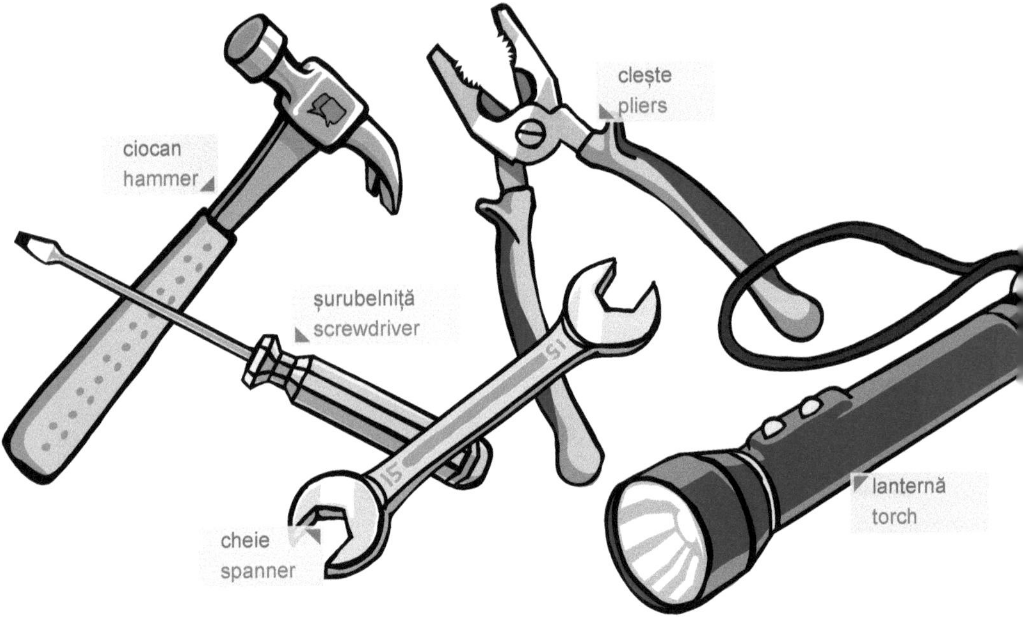
ciocan
hammer
clește
pliers
șurubelniță
screwdriver
cheie
spanner
lanternă
torch

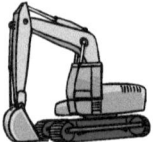

excavator

digger

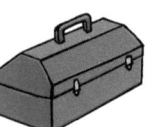

cutie de scule

toolbox

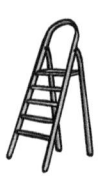

scară

ladder

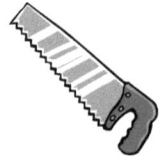

ferăstrău

saw

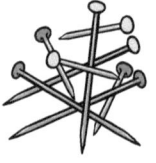

cuie

nails

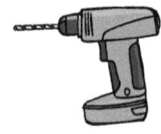

burghiu

drill

a repara

repair

lopată

shovel

La naiba!

Damn!

făraș

dustpan

vas pentru vopsea

paint pot

șuruburi

screws

instrumente muzicale
musical instruments

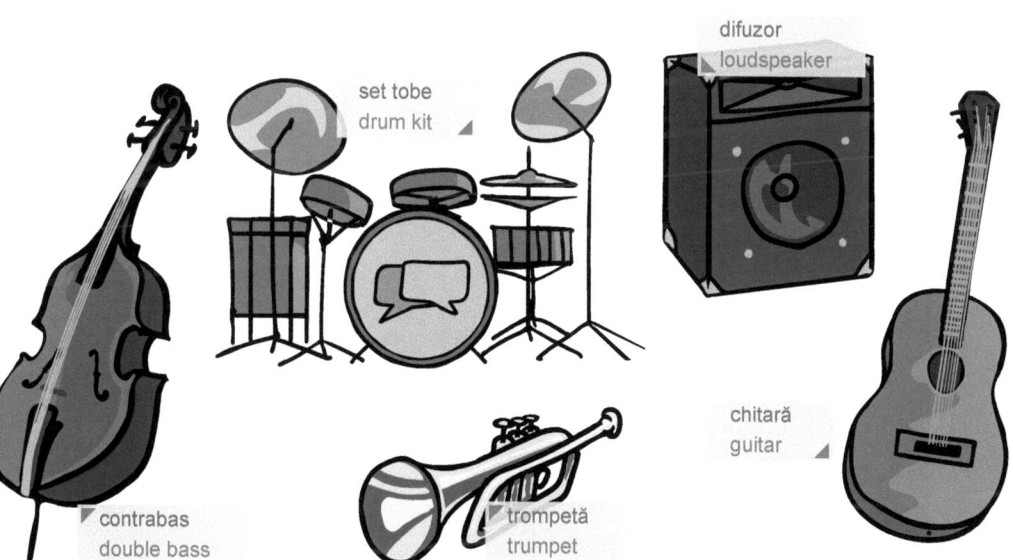

set tobe
drum kit

difuzor
loudspeaker

contrabas
double bass

trompetă
trumpet

chitară
guitar

pian
piano

vioară
violin

bas
bass

trombon
timpani

tobă
drums

keyboard
keyboard

saxofon
saxophone

fluier
flute

microfon
microphone

grădină zoologică

zoo

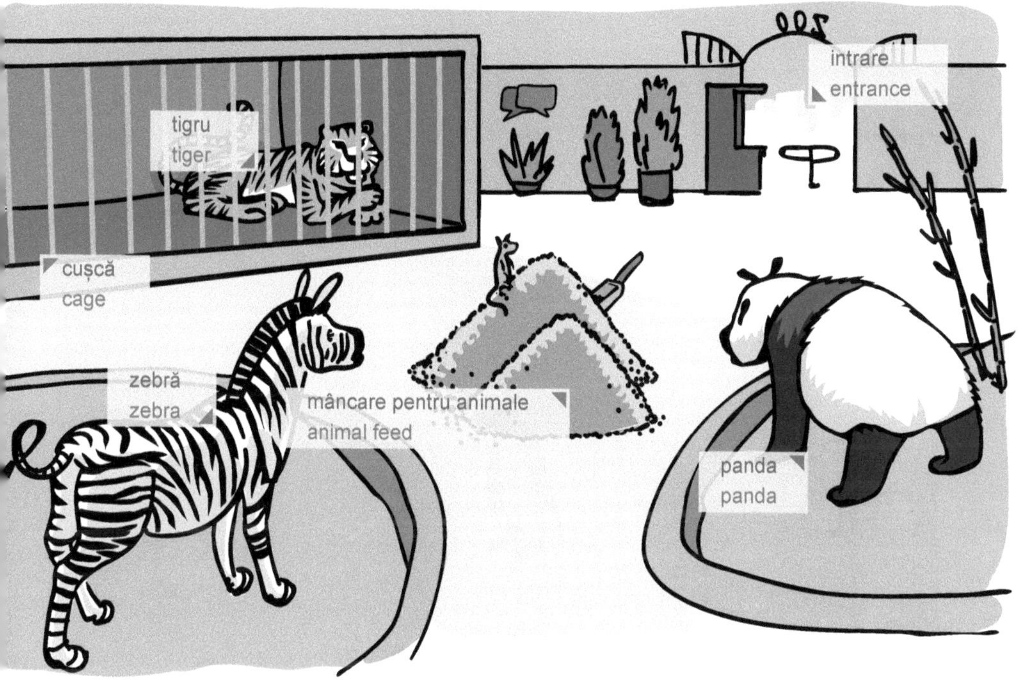

ZOO
tigru
tiger
intrare
entrance
cușcă
cage
zebră
zebra
mâncare pentru animale
animal feed
panda
panda

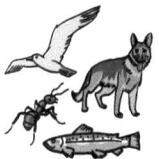

animale

animals

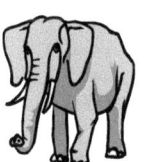

elefant

elephant

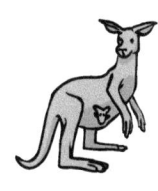

cangur

kangaroo

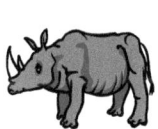

rinocer

rhino

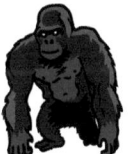

gorilă

gorilla

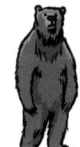

urs

bear

cămilă
camel

struț
ostrich

leu
lion

maimuță
monkey

flamingo
flamingo

papagal
parrot

urs polar
polar bear

pinguin
penguin

rechin
shark

păun
peacock

șarpe
snake

crocodil
crocodile

îngrijitor grădina zoologică

zookeeper

focă
seal

jaguar
jaguar

ponei
pony

leopard
leopard

hipopotam
hippo

girafă
giraffe

acvilă
eagle

porc mistreț
boar

pește
fish

broască țestoasă
turtle

morsă
walrus

vulpe
fox

gazelă
gazelle

fotbal american
American football

ciclism
cycling

tenis
tennis

basketball
basketball

înot
swimming

box
boxing

hockey pe gheață
ice hockey

fotbal
football

badminton
badminton

atletism
athletics

handbal
handball

schi
skiing

polo
polo

activităţi
activities

a sări
jump
a îmbrăţişa
hug
a râde
laugh
a merge
walk
a cânta
sing
a visa
dream
a se ruga
pray
a săruta
kiss

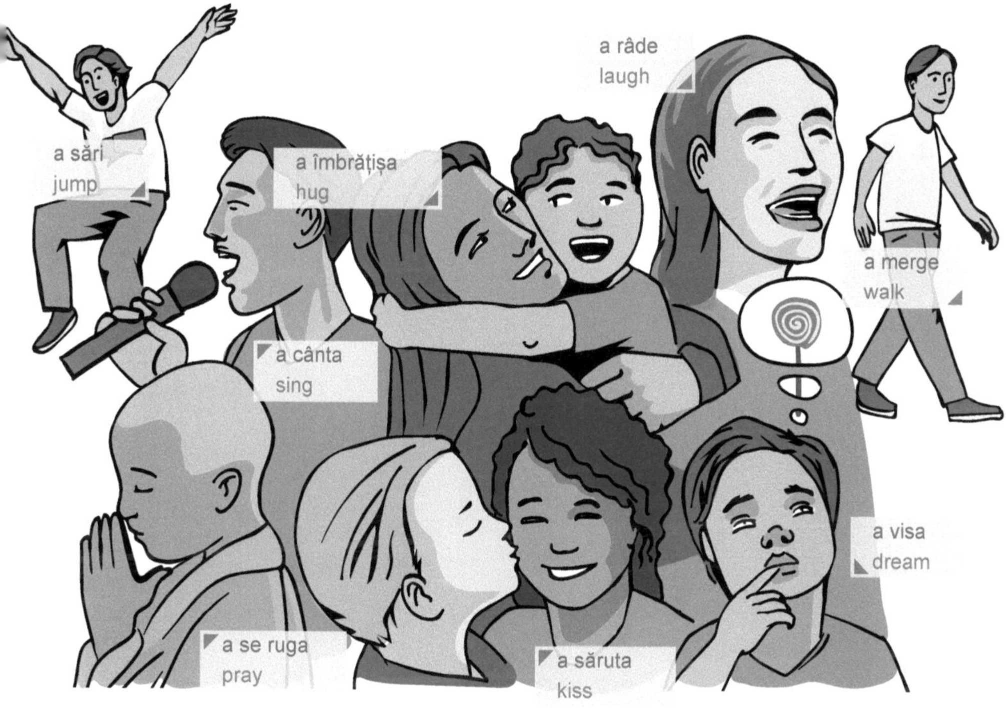

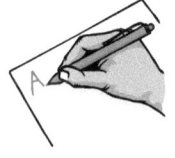

a scrie

write

a desena

draw

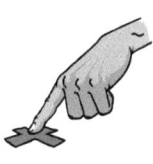

a arăta

show

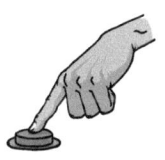

a împinge

push

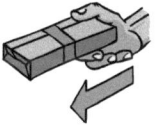

a da

give

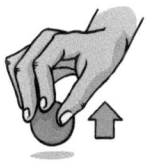

a lua

take

a avea

have

a face

do

a fi

be

a sta în picioare

stand

a fugi

run

a trage

pull

a arunca

throw

a cădea

fall

a sta întins

lie

a aștepta

wait

a purta

carry

a ședea

sit

a se îmbrăca

get dressed

a dormi

sleep

a se trezi

wake up

activități - activities

a privi

look at

a plânge

cry

a mângâia

stroke

a se pieptăna

comb

a vorbi

talk

a înțelege

understand

a întreba

ask

a asculta

listen

a bea

drink

a mânca

eat

a face ordine

tidy up

a iubi

love

a găti

cook

a conduce

drive

a zbura

fly

activități - activities 65

a naviga

sail

a calcula

calculate

a citi

read

a învăța

learn

a munci

work

a se căsători

marry

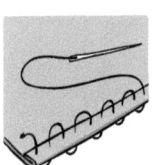

a coase

sew

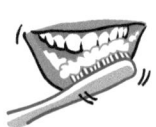

a se spăla pe dinți

brush teeth

a ucide

kill

a fuma

smoke

a trimite

send

activități - activities

bunică
grandmother

bunic
grandfather

tată
father

mamă
mother

bebeluș
baby

soră
daughter

fiu
son

oaspete
guest

mătușă
aunt

unchi
uncle

frate
brother

soră
sister

familie - family

67

corp
body

frunte
forehead
ochi
eye
umăr
shoulder
deget
finger
față
face
bărbie
chin
mână
hand
picior
leg
piept
breast
braț
arm

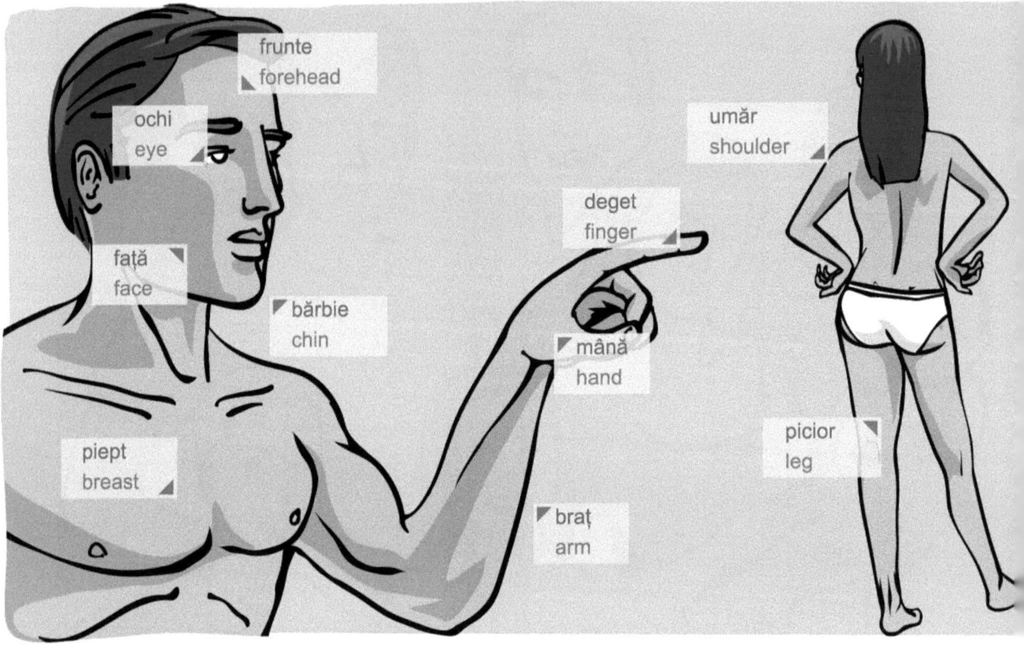

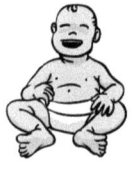

bebeluș

baby

bărbat

man

femeie

woman

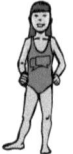

fată

girl

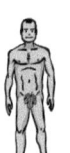

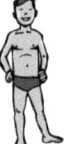

băiat

boy

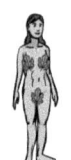

cap

head

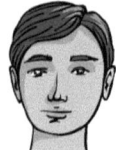

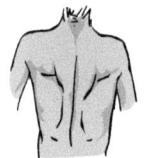

spate

back

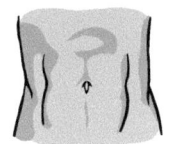

abdomen

belly

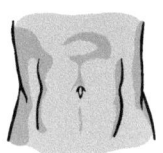

ombilic

belly button

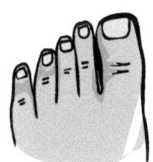

deget de la picior

toe

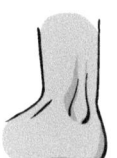

călcâi

heel

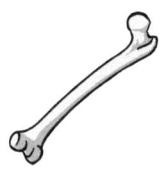

os

bone

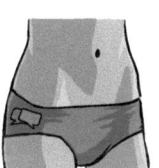

șold

hip

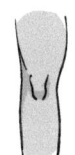

genunchi

knee

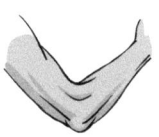

cot

elbow

nas

nose

fund

bottom

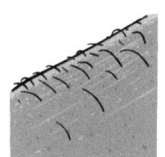

piele

skin

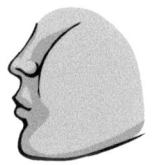

obraz

cheek

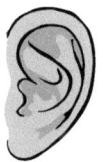

ureche

ear

buză

lip

corp - body

69

gură
mouth

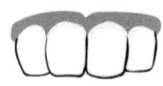

dinte
tooth

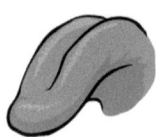

limbă
tongue

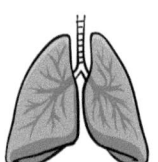

creier
brain

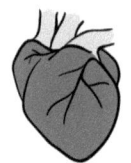

inimă
heart

muşchi
muscle

plămân
lung

ficat
liver

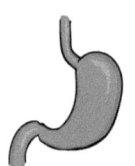

stomac
stomach

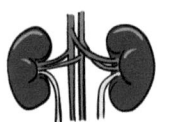

rinichi
kidneys

sex
sex

prezervativ
condom

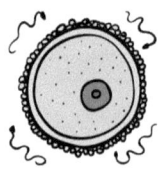

ovul
ovum

spermă
semen

sarcină
pregnancy

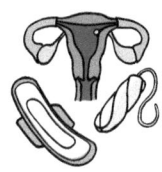

menstruație
menstruation

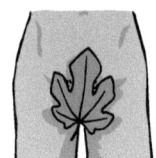

vagin
vagina

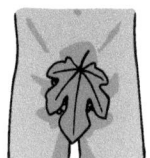

penis
penis

sprânceană
eyebrow

păr
hair

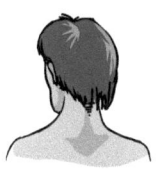

gât
neck

corp - body

spital
hospital

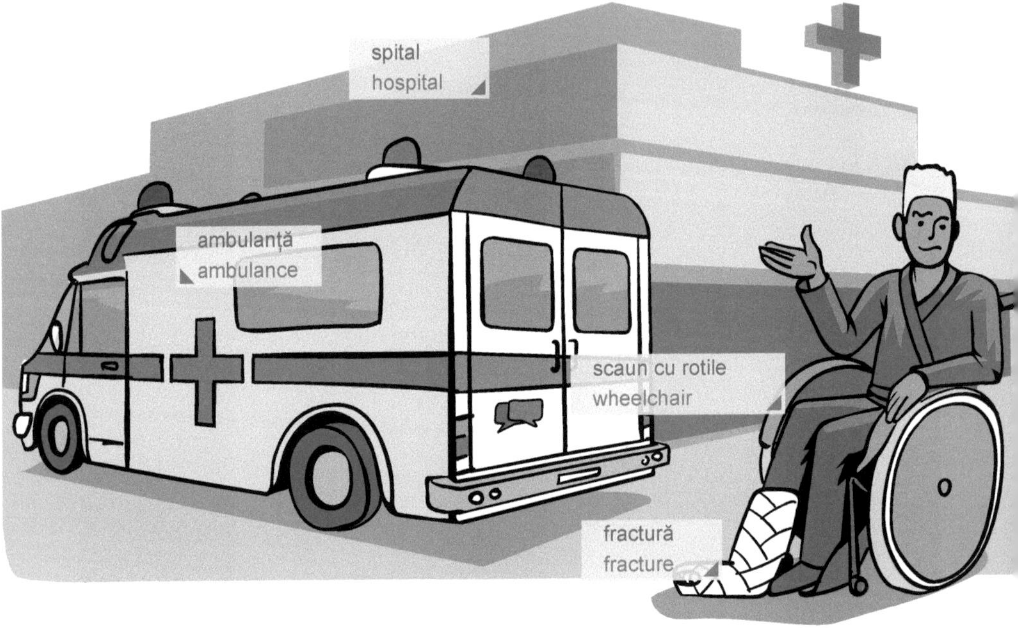

spital
hospital
ambulanță
ambulance
scaun cu rotile
wheelchair
fractură
fracture

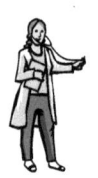

medic
doctor

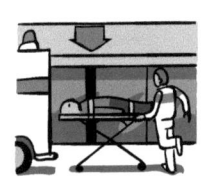

unitate de primiri urgențe
emergency room

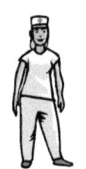

soră medicală
nurse

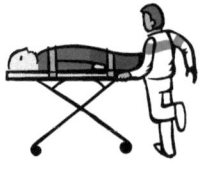

urgență
emergency

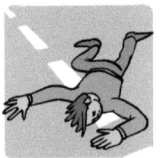

inconștient
unconscious

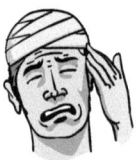

durere
pain

leziune

injury

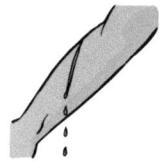

sângerare

bleeding

infarct miocardic

heart attack

atac cerebral

stroke

alergie

allergy

tuse

cough

febră

fever

gripă

flu

diaree

diarrhoea

durere de cap

headache

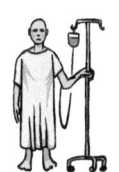

cancer

cancer

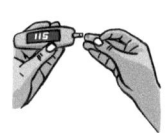

diabet

diabetes

chirurg

surgeon

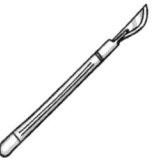

scalpel

scalpel

operație

operation

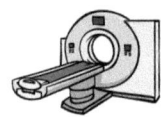

CT
CT

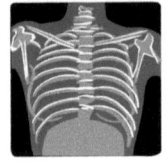

raze Röntgen
x-ray

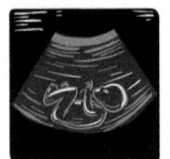

ultrasunet
ultrasound

mască
face mask

boală
disease

sală de așteptare
waiting room

cârjă
crutch

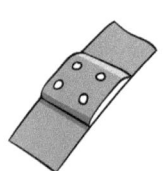

plasture
plaster

bandaj
bandage

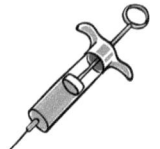

injecție
injection

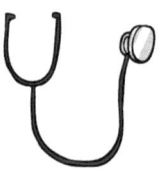

stetoscop
stethoscope

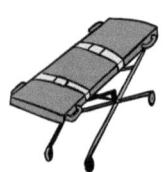

targă
stretcher

termometru
clinical thermometer

naștere
birth

supraponderabilitate
overweight

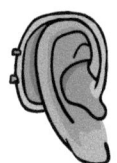

aparat auditiv

hearing aid

dezinfectant

disinfectant

infecție

infection

virus

virus

HIV/SIDA

HIV / AIDS

medicină

medicine

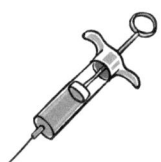

vaccin

vaccination

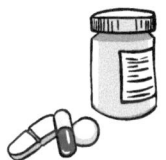

tablete

tablets

pastilă

pill

apel de urgență

emergency call

aparat de măsurare a
presiunii arteriale

blood pressure monitor

bolnav/sănătos

ill / healthy

Ajutor!

Help!

alarmă

alarm

agresiune

assault

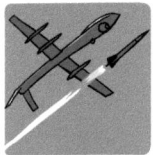

atac

attack

pericol

danger

ieșire de urgență

emergency exit

Foc!

Fire!

extinctor

fire extinguisher

accident

accident

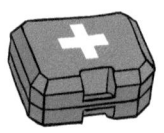

trusă de prim-ajutor

first-aid kit

SOS

SOS

poliție

police

Europa
Europe

America de Nord
North America

America de Sud
South America

Africa
Africa

Asia
Asia

Australia
Australia

Altantic
Atlantic

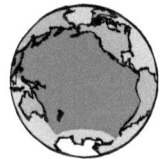
Pacific
Pacific

Oceanul Indian
Indian Ocean

Oceanul Antarctic
Antarctic Ocean

Oceanul Arctic
Arctic Ocean

Polul Nord
North Pole

Polul Sud

South Pole

Antarctica

Antarctica

pământ

Earth

țară

land

mare

sea

insulă

island

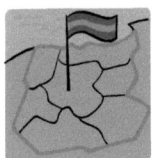

națiune

nation

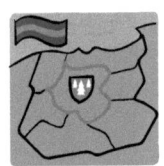

stat

state

pământ - Earth

cadran

clock face

orar

hour hand

minutar

minute hand

secundar

second hand

Cât e ceasul?

What time is it?

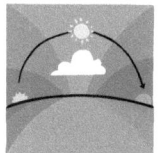

zi

day

timp

time

acum

now

cead digital

digital watch

minut

minute

oră

hour

săptămână
week

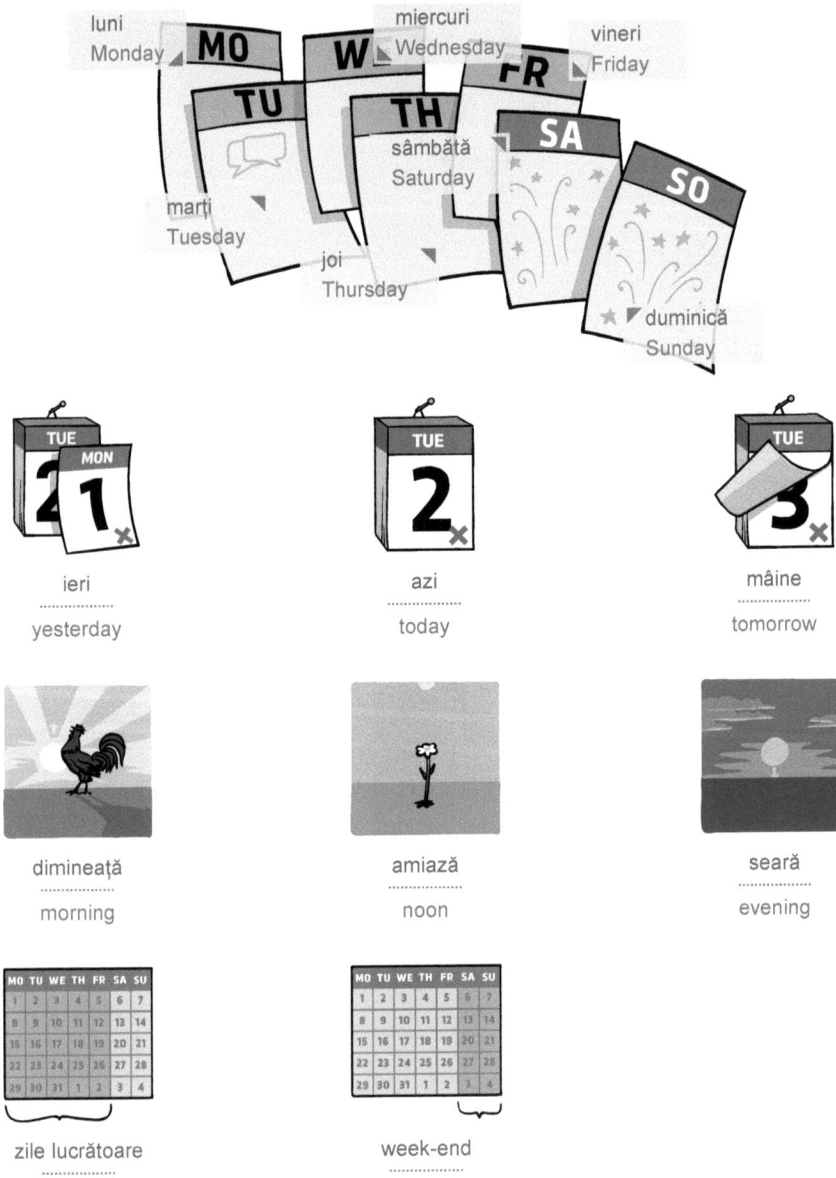

luni
Monday

marţi
Tuesday

miercuri
Wednesday

joi
Thursday

vineri
Friday

sâmbătă
Saturday

duminică
Sunday

ieri
yesterday

azi
today

mâine
tomorrow

dimineaţă
morning

amiază
noon

seară
evening

zile lucrătoare
business days

week-end
weekend

an

year

ploaie
rain
curcubeu
rainbow
vânt
wind
zăpadă
snow
primăvară
spring
vară
summer
toamnă
autumn
iarnă
winter

4.APRIL 11°
5.APRIL 4°
6.APRIL 13°
7.APRIL 8°
8.APRIL 10°

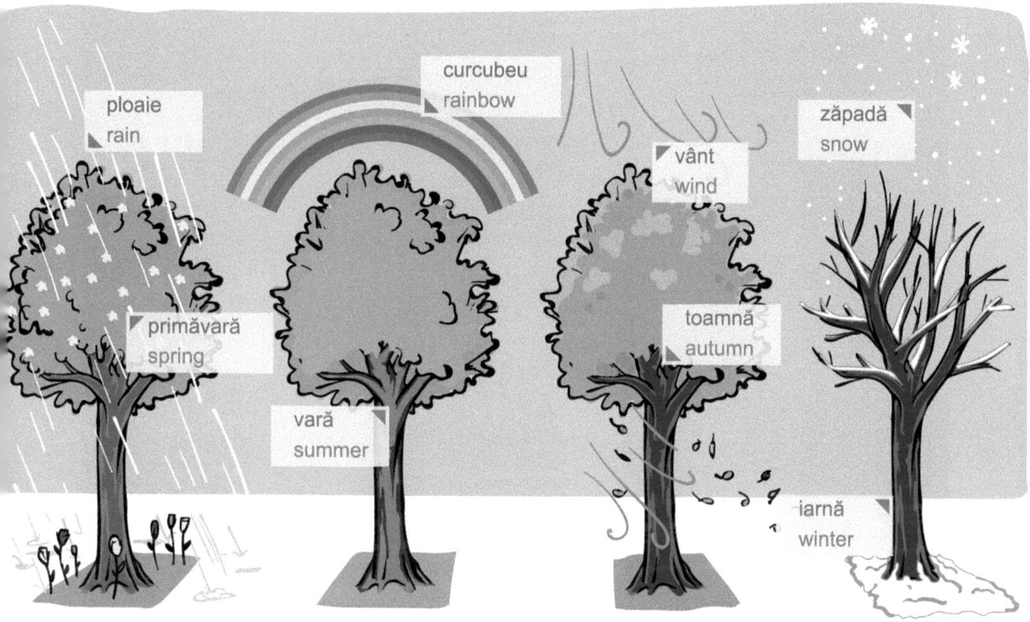

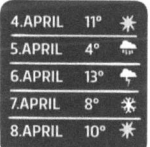

prognoză meteo

weather forecast

F
C
120
90
60
30
0
-30
40
30
20
10
0
-10
-20

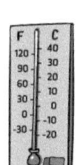

termometru

thermometer

lumina soarelui

sunshine

nor

cloud

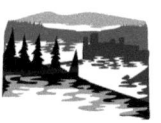

ceață

fog

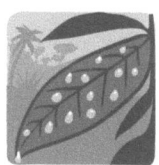

umiditate a aerului

humidity

fulger

lightning

tunet

thunder

furtună

storm

grindină

hail

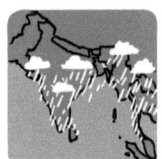

muson

monsoon

inundație

flood

gheață

ice

ianuarie

January

februarie

February

martie

March

aprilie

April

mai

May

iunie

June

iulie

July

august

August

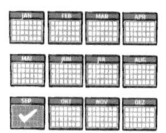

septembrie
....
September

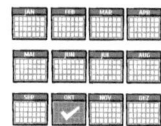

octombrie
....
October

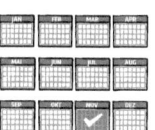

noiembrie
....
November

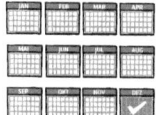

decembrie
....
December

cerc
....
circle

pătrat
....
square

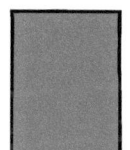

dreptunghi
....
rectangle

triunghi
....
triangle

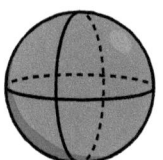

sferă
....
sphere

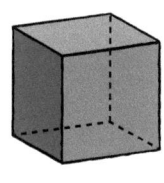

cub
....
cube

alb

white

galben

yellow

portocaliu

orange

roz

pink

roşu

red

violet

purple

albastru

blue

verde

green

maro

brown

gri

grey

negru

black

mult/puțin
a lot / a little

furios/calm
angry / calm

frumos/urât
beautiful / ugly

început/sfârșit
beginning / end

mare/mic
big / small

luminos/întunecat
bright / dark

frate/soră
brother / sister

curat/murdar
clean / dirty

complet/incomplet
complete / incomplete

zi/noapte
day / night

mort/viu
dead / alive

lat/strâmt
wide / narrow

comestibil/necomestibil

edible / inedible

rău/prietenos

evil / kind

emoționat/plictisit

excited / bored

gras/slab

fat / thin

primul/ultimul

first / last

prieten/inamic

friend / enemy

plin/gol

full / empty

tare/moale

hard / soft

greu/ușor

heavy / light

foame/sete

hunger / thirst

bolnav/sănătos

ill / healthy

ilegal/legal

illegal / legal

inteligent/stupid

intelligent / stupid

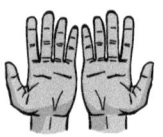

stânga/dreapta

left / right

aproape/departe

near / far

antonime - opposites

nou/uzat

new / used

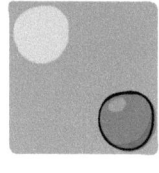

nimic/ceva

nothing / something

bătrân/tânăr

old / young

pornit/oprit

on / off

deschis/închis

open / closed

încet/tare

quiet / loud

bogat/sărac

rich / poor

corect/fals

right / wrong

aspru/neted

rough / smooth

trist/fericit

sad / happy

lung/scurt

short / long

încet/repede

slow / fast

ud/uscat

wet / dry

cald/rece

warm / cool

război/pace

war / peace

0

zero

zero

1

unu

one

2

doi

two

3

trei

three

4

patru

four

5

cinci

five

6

șase

six

7

șapte

seven

8

opt

eight

9

nouă

nine

10

zece

ten

11

unsprezece

eleven

12
douăsprezece
twelve

13
treisprezece
thirteen

14
paisprezece
fourteen

15
cincisprezece
fifteen

16
șaisprezece
sixteen

17
șaptesprezece
seventeen

18
optsprezece
eighteen

19
nouăsprezece
nineteen

20
douăzeci
twenty

100
o sută
hundred

1.000
o mie
thousand

1.000.000
un milion
million

engleză

English

engleză americană

American English

chineza mandarină

Chinese Mandarin

hindi

Hindi

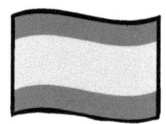

spaniolă

Spanish

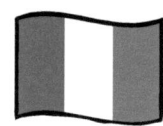

franceză

French

arabă

Arabic

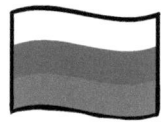

rusă

Russian

protugheză

Portuguese

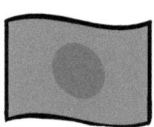

bengaleză

Bengali

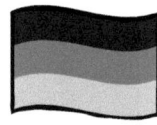

germană

German

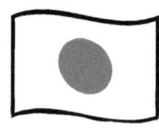

japoneză

Japanese

eu

I

tu

you

el/ea

he / she / it

noi

we

voi

you

ea

they

cine?

who?

ce?

what?

cum?

how?

unde?

where?

când?

when?

nume

name

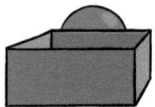

în spate

behind

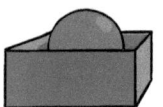

în

in

înainte

in front of

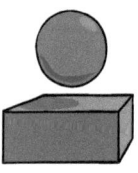

peste

over

pe

on

sub

under

lângă

beside

între

between

loc

place